Un tracteur dans le living

Stéphane LAURENT

Editions théâtrales ART ET COMEDIE

3 rue de Marivaux

75002 PARIS

Personnages

Jeannot, paysan, 38/45 ans

Marie, paysanne, 36/45 ans

Violette, leur fille, 18 ans

Benoît Beaufort, citadin, 40/50 ans

Huguette Beaufort, citadine, 40/50 ans

Julien, leur fils, 19 ans

Acte 1

Décor : La cuisine d'un fermier en été, une table, deux bancs (ou 6 chaises), un téléphone, de la vaisselle. Une porte vers l'extérieur, une porte vers les chambres.

Scène 1

MARIE, JEANNOT, VIOLETTE

Ouverture du rideau : Marie est en train de préparer le repas de midi.

JEANNOT *(entrant)* -Alors, qu'as-tu fait de bon à manger Marie ?

MARIE - Tu penses déjà à manger ? Mais ma parole tu n'es qu'un ventre ambulant !

JEANNOT -Non ma femme, je pense à boire aussi, passe-moi donc un verre et la bouteille !

Marie -Voilà le verre et voici la bouteille.

Jeannot -Merci. Mais elle est vide !

Marie -Oui, elle est vide mais tu m'as demandé la bouteille pas ce qui est dedans !

Jeannot -Oh ne joue pas la maligne hein ! Moi je reviens de la paille, j'en ai partout que ça me gratte comme le diable jusqu'à la gorge qui m'irrite alors : J'AI SOIF !

Marie - Et moi monsieur le travailleur aux champs d'Honneurs, j'ai fait la lessive et le repassage et j'ai soigné les poules et les lapins et les cochons et j'ai fait dix bocaux de confit et deux de champignons et cinq de confiture et la soupe et j'ai recousu ton bleu et coupé du bois et j'ai fait le courrier et trié les pois !

Jeannot -Huh ! En trois jours ?

Marie -Non ce matin et si ça ne suffit pas j'ai aussi...

Jeannot -Bon bon ça va ça va ! *(A part.)* Mais tu n'as pas rempli la bouteille...

Marie -Tu dis ?

Jeannot -Non, rien, rien, VIOLETTE ! VIOLETTE ! Qu'est-ce qu'elle fait celle-là ! VIOLETTE !

Violette *(entrant)* -C'est bon, c'est bon, y'a pas le feu non plus ! Si ? Y'a le feu ?

Jeannot -C'est comme ça que tu parles à ton père toi ? Tu veux une calotte ? Qu'est-ce que tu étais encore en train de faire ?

Violette -Rien. Je regardais les étoiles.

Jeannot - Les étoiles ? A 11h30 du matin ! Mais il faut te faire soigner ma petite ! T'entends ça Marie ? Ta fille regardait les étoiles... en plein jour !

Marie - Oh laisse faire, tu sais bien, c'est son côté romantique...

Jeannot - Gnagnagna "son côté romantiqueuuuh..." Il n'empêche qu'on n'a pas idée de regarder les étoiles alors même qu'il fait jour !

Violette -Et alors ? Y'en a bien qui regarde les cuisses de la Raymonde alors même qu'ils sont mariés !

Jeannot -Rogntudju ! On peut savoir de qui tu parles ?

Violette -Tu y tiens vraiment ?

Jeannot - Va donc chercher du vin plutôt ! Tiens va me remplir ça à la cave je te prie... *(Elle sort.)* VIOLETTE ! Et ramène en une autre aussi on ne sait jamais.

Marie -On ne sait jamais quoi ?

Jeannot -Ben... euh... on ne sait jamais c'est tout.

Marie - Des fois que la première bouteille manquerait... de cuisse.

Jeannot -Oh, ben c'est malin ça tient ! Je t'en prie épargne-moi tes crises d'asthmes !

Marie -"Tes sarcasmes" ignare !

Jeannot - Sarcasmes, crise d'asthmes c'est pareil tout ça, c'est maladif.

MARIE -C'est pas la peine que je te demande de mettre la table bien sûr...

JEANNOT -Tu sais bien que j'inverse toujours les couverts...

MARIE -Evidemment...

JEANNOT -Et puis...

MARIE -Et puis quoi ?

JEANNOT -Et puis c'est pas un travail d'homme voilà !

MARIE -Les temps ont changé mon ami, aujourd'hui c'est le partage des tâches tu sais...

JEANNOT -Ben justement, tiens, j'en ai fait une de tache, alors on partage : moi je l'ai faite et toi tu la laves.

MARIE -Tu fais de l'esprit toi maintenant ?

Marie commence à servir la soupe, on frappe.

JEANNOT - Qu'est-ce qu'il lui prend à cette môme ? Elle frappe pour entrer maintenant ? Mais entre donc bougre d'idiote !

Scène 2

MARIE, JEANNOT, BENOÎT, HUGUETTE

Huguette entre timidement suivie de son mari.

HUGUETTE - Excusez-moi, je ne suis pas sûre d'avoir bien entendu : pouvons-nous entrer ?

Jeannot - Oh boudiou ! Je vous prie de m'excuser : je vous avais pris pour ma fille !

Huguette - Oh ! Regarde Benoît comme monsieur est courtois. Ce n'est pas toi qui me confondrais avec une jeune fille !

Benoît - Ma chérie, j'avoue que non, mais toutefois derrière une porte cela pourrait arriver, peut-être même avec un boy-scout !

Huguette - Oh c'est d'un fin... mais évidemment ce n'est pas avec ton petit cerveau de moineau que tu pourrais avoir deux sous de subtilités !

Jeannot - Excusez-moi...

Benoît - Deux sous de subtilités c'est à voir mais cent sous pour tes robes ça tu sais me les trouver !

Jeannot - Ahem, excusez-moi...

Huguette - Non mais dis-donc tu les aimes bien mes robes ! Tu ne voudrais quand même pas que je m'habille de chiffons ! Remarque tu aurais moins envie de les soulever peut-être, mes chiffons !

Jeannot - Excusez-moi...

Benoît - Ma chère que ce soit des torchons des serviettes des chiffons ou des robes ça fait bien longtemps que l'idée de vous les soulever m'a passé !

Jeannot - Excusez-moi...

Huguette - C'est plutôt votre capacité à vous soulever qui vous a passé !

JEANNOT -EXCUSEZ-MOI !

HUGUETTE - Oh pardon ! Nous ne nous sommes même pas présentés ! Je suis confuse.

MARIE - Pourtant on commence à bien vous connaître... intimement même...

BENOÎT -Oh, madame, ne la croyez pas, enfin je veux dire, ce sont des enfantillages.

JEANNOT -Oh, vous savez, ça arrive au meilleur hein, prenez le taureau du Léon, huit années de bons et loyaux services, jamais une faiblesse, plus de 300 conquêtes à son actif, un sacré gaillard hein ?

BENOÎT -Ah, effectivement... 300 vous dites ?

JEANNOT -Oui 300 et ben la semaine dernière il a pas voulu de la Florette ma petite dernière !

HUGUETTE -Vous offrez votre fille à un taureau ?

JEANNOT -Qué fille ? Mais non la Florette c'est une génisse, une vache quoi. Bon vous me direz : c'est une limousine et lui préfère les Hollandaises mais quand même c'est vexant, la Florette elle mange plus depuis, elle fait de... comment qu'il a dit le vétérinaire déjà... de l'arménie je crois.

MARIE -De l'a-né-mie.

JEANNOT -Oui, c'est ça de l'anini, c'est vous dire !

BENOÎT -Ah oui je vois et elle est limousine vous dites ?

JEANNOT -Limousine pure souche que je dis !

Benoît -Comme c'est étrange... 300 conquêtes vous avez dit ?

Jeannot -Oui 300 conquêtes que j'ai dit !

Benoît -Comme c'est intéressant, et avec quoi le nourrissez-vous pour de si beaux résultats ?

Huguette - Mon cher nous ne sommes pas venus ici pour traiter de l'alimentation des taureaux de saillie je crois, même si le sujet bovin à l'air de vous passionner.

Benoît -Ma chère, il est vrai que vos centres d'intérêts sont comme la sensualité de cette limousine : forts limités.

Jeannot -Dites vous n'allez pas remettre ça hein ?

Huguette - Benoît tu vois tu embêtes monsieur, qui a de l'éducation lui.

Benoît -Et des vaches fort attrayantes, sauf une lui aussi...

Jeannot -ÇA SUFFIT !

Huguette -Oh pardon ! Nous nous croyons chez nous !

Marie -Il me semblait bien aussi...

Huguette - Il faut dire, c'est accueillant chez vous ! Je me présente : Huguette Beaufort.

Benoît -Benoît Beaufort.

Jeannot -Jeannot fort et pas si mal.

Benoît -Ahem, Beaufort est notre nom "Beaufort" en un seul mot vous voyez, "beau-fort", c'était le nom de mon père.

Marie -Ah c'est de famille alors.

JEANNOT - C'est comme le taureau du Léon, son père il en a bien monté dans les 400, et le vôtre ?

BENOÎT - Non mon père n'a jamais monté grand-monde, oh mais que me faites-vous dire là !!! Et madame ?

MARIE - Pardon ???

BENOÎT - Non, je veux dire vous ne nous avez pas été présentée...

MARIE - Marie, sa femme.

BENOÎT - Enchanté !

Baisemain et révérence appuyée, Marie intimidée détourne un peu le regard.

HUGUETTE - Oui bon ben ça va elle a compris !

Benoît ne bouge pas, elle lui écrase le pied d'un coup de talon.

BENOÎT - Aïe, la vache !

MARIE - Oh, que vous arrive-t-il ? Un tour de rein ?

BENOÎT *(à part)* - Un tour de chien plutôt !

HUGUETTE - Oui, ce doit être l'humidité ambiante. Vous ne trouvez pas, Benoît, que l'ambiance est humide ?

BENOÎT - En effet, ça ne m'étonnerait pas qu'il tombe des cordes... autour de votre cou...

Scène 3

Les Mêmes, Violette

Violette *(entrant avec deux bouteilles à la main)* - Voilà le pinard !

Jeannot - Tu peux pas dire bonjour quand y'a des étrangers non !

Violette - Oups, je ne vous avais pas vu derrière votre chapeau, faut dire qu'il prend de la place ! Madame, Monsieur.

Huguette - Qu'a donc mon chapeau Benoît ? Est-il de travers ?

Benoît - Non ma chère il est comme votre amour-propre, disproportionné. Mademoiselle...

Huguette - Benoît je ne vous permets pas !

Benoît - Madame, je me contre fiche de vos permissions.

Il fait un baisemain et une révérence à Violette en prenant bien garde de ne pas laisser ses pieds à portée de sa femme cette fois-ci.

Jeannot - Violette, attrape des verres. Vous allez boire un coup, ça vous détendra. Asseyez-vous donc.

Il sert à boire.

Huguette - C'est quoi ?

Jeannot - Hé quoi c'est quoi ? Bé du vin pardi ! De ma vigne.

Ils boivent.

Benoît - Oh vous avez un vignoble ?

Jeannot - Euh, oui si on veut, quelques pieds quoi.

Benoît - Fort bien ! Et combien d'hectolitres produisez-vous ?

Jeannot - Hecto ? Non dans les 300 litres pas plus et encore les bonnes années.

Huguette - Ma foi c'est frais, c'est léger, d'un beau rouge.

Violette - Oui du gros rouge qui tache comme on dit, méfiez-vous c'est traître ! Quand on est pas habitué, on boit on boit et après on se couche !

Huguette - Ah c'est fort en alcool donc ?

Jeannot - Oh ben à l'origine ça pèse dans les 8-10 degrés mais j'ajoute un peu de sucre et de gnôle pour faire monter la sauce à 12 ou 14. C'est une vieille recette de famille mais c'est tout naturel hein y'a pas de produits chimiques dedans vous pouvez y aller. Tenez reprenez-en donc un p'tit coup.

Benoît - Nous ne voudrions pas abuser...

Jeannot - Ah ce serait me fâcher ! Il est pas bon peut-être ?

Huguette - Si, si, il est divin, divin ! Mais nous ne voudrions pas abuser...

Jeannot - Tenez allez-y là hop cul-sec ! Allez encore un p'tit coup ça réchauffe hein ?!

Huguette - En effet je commence à avoir des vapeurs.

Marie - Ça c'est que vous n'avez pas mangé. Violette mets donc deux assiettes de plus pour nos visiteurs. Nous les gardons à manger.

Benoît - Nous ne voudrions pas abuser...

Jeannot - Mais c'est une manie ? Vous êtes tous comme ça à la ville ? Nous ici y'a toujours la place du pauvre comme on dit. Quel que soit le visiteur, il s'assoit et il mange, c'est pas plus compliqué !

Huguette - Ah bon mais vous n'avez pas peur des rôdeurs ?

Jeannot - Quoi les odeurs ? Ma foi vous sentez un peu fort l'eau de Cologne mais nous les odeurs fortes on connaît, tiens si vous êtes dans le coin cette après-midi vous verrez quand je vais échamper le fumier, vous serez pas déçus !

Benoît - Le fumier vous dites ?

Jeannot - Ben oui le fumier des vaches, vous savez pas ce que c'est ?

Huguette - Et bien nous arrivons juste aujourd'hui et nous ne sommes pas encore familiarisés avec les coutumes locales voyez-vous...

Marie - Ben le fumier c'est, comment dire, ce qu'il reste quand elles ont mangé, pour faire de l'engrais quoi.

Violette - La merde quoi !

Jeannot - Dis-donc Violette c'est à l'école qui t'apprennent à parler comme ça devant du monde ?

Huguette - La m... Les déjections vous voulez dire ?

Jeannot - Voilà les "éjections" comme vous dites.

Huguette - Et... vous en faites quoi dites-vous ?

Jeannot - Ben je les échampe ! Je les pulvérise dans mes champs. Vous voyez je mets le fumier dans une remorque derrière le tracteur et y'a comme qui dirait un râteau tournant qui l'envoie en l'air pour retomber sur le sol et faire de l'engrais. Vous me suivez ?

Benoît - Et bien c'est à dire que je préférerais ne pas vous suivre !

Marie - Oh ça c'est sûr, vaut mieux pas être derrière ! Surtout avec vos beaux habits. Ça vous ferait bien du nettoyage !

Huguette - Mais ce doit être une horreur, ça doit empester à des kilomètres à la ronde !

Benoît - En tout cas votre soupe de légumes est délicieuse !

Marie - Merci.

Jeannot - Ben tenez pour avoir de beaux légumes y faut bien de l'engrais comment vous croyez qu'on fait ? C'est tout du naturel chez nous !

Huguette - Vous voulez dire que vous avez mis du... "fumier" sur vos légumes ?

Jeannot - Ben évidemment ! Vous êtes drôles vous quand même ! C'est pas le Saint Esprit qui les fait pousser !

Benoît - Tu ne manges plus chérie ?

Huguette - Je ne me sens pas très bien tout d'un coup, je crois que je vais m'évanouir !

Jeannot - Allons, allons, prenez donc un coup de rouge ça vous remettra.

Il remplit le verre à ras bord, elle met sa main pour l'arrêter sans succès.

Huguette -Hop, hop, hop, Merci, merci.

Elle boit en s'éventant.

Jeannot - C'est comme pour la vigne c'est pareil, un bon coup de fumier et hop la récolte est meilleure !

Huguette crache le vin et s'évanouit.

Marie -Et bien dites donc, c'est une petite nature ! L'air de la campagne lui fera du bien ! Violette, va donc l'allonger au grand air, sur la paille.

Violette -C'est que j'ai pas fini de manger !

Jeannot -On te demande pas si t'as fini, tu vas pas la laisser le nez dans sa soupe comme ça non ?

Violette -Pff, faut toujours que ça tombe sur moi ! *(Violette sort en traînant Huguette.)* C'est qu'elle pèse en plus !

Jeannot -Et sois polie s'il te plaît, tu vas vexer monsieur !

Scène 4

Marie, Jeannot, Benoît

Benoît -Laissez laissez, c'est vrai qu'elle est pesante parfois. Par contre votre fille est d'une fraîcheur épatante ! La campagne sans doute ! Quel âge a-t-elle ?

Marie - Elle vient d'avoir ses 18 ans. Mais elle va encore à l'école, vous savez, elle veut être hôtesse de l'air mais mon mari préférerait qu'elle entre à la poste ou aux impôts.

Jeannot - Hôtesse de l'air, c'est pas un métier ça ! Passer ses journées dans les avions à rien faire d'autre qu'à montrer ses cuisses, aller dans des pays lointains où y'a plein de maladies et même pas pouvoir se marier !

Benoît - Vous avez déjà pris l'avion peut-être ?

Jeannot - Vous êtes pas fou non ? Quitter le plancher des vaches ? Moi vivant jamais ! Mais bon on sait comment ça se passe hein ! On le voit à la télé ! Tout ça c'est pour s'envoyer en l'air que je dis !

Marie - Jeannot je t'en prie !!! Tu sais bien qu'elle rêve de voyager.

Jeannot - Tu parles, tu crois que je le vois pas que ça la démange ! L'autre jour à la fête de Sarlat elle traînait avec le Martin du Léon et je peux te dire que ça tortillait !

Benoît - Ah le taureau ?

Jeannot - Meuhh non ! Son fils, au Léon pas au taureau bien sûr hein !

Marie - Oh toi tu vois le mal partout. C'est de son âge de s'amuser. Enfin souviens-toi on s'est marié à 18 ans et on se fréquentait déjà depuis plus d'un an !

Jeannot - Peut-être mais tu te tortillais pas au bal toi comme ça devant tout le monde !

Scène 5

Les Mêmes, Violette, Julien

Entre Violette suivie de Julien.

Jeannot -Nom de diou ! V'là qu'elle les ramène à la maison maintenant ! Ah ça ma fille...

Violette -Ben quoi ? J'ai le sens de l'hospitalité moi aussi !

Jeannot -Je vais lui montrer le sens de l'hospitalité moi, tu vas voir !

Il attrape Julien par le cou.

Marie -Jeannot ! Lache ce jeune homme voyons ! Tu vas lui faire mal.

Benoît -Calmez-vous monsieur Jeannot, c'est Julien.

Jeannot -Julien ?

Benoît -C'est mon fils !

Violette -Ah ? Vous êtes sûr ?

Julien -M'sieur' dame !

Benoît -Julien où étais-tu donc passé ? On s'est inquiété tu sais !

Julien -Bof, je m'étais paumé dans les bois c'est que y'a pas beaucoup de panneau indicateur par ici, y'a même pas de bus ou de métro, c'est vraiment galère ce coin ! Y'a que des vaches et des péquenots !

Benoît - Ah Julien sois poli s'il te plaît ! On ne dit pas péquenots on dit paysans ou mieux : "agriculteurs" ! En plus ce sont des gens charmants et fort accueillants !

Jeannot - Ben je vois qu'à la ville y sont pas mieux éduqués, enfin assois-toi et prends un coup de rouge, on n'est pas rancunier nous les "péquenots" !

Julien - Oh je disais pas ça méchamment. Mais y'en a un plus loin dans une vieille baraque qu'est-ce qu'il tient !

Marie - Une maison en pierre avec le toit à demi effondré collée au rocher ?

Julien - Ouais c'est ça, avec un arbre devant.

Jeannot - Oh mais ça c'est le Pierrot, y vit tout seul là-bas depuis toujours, il est un peu bête c'est vrai mais pas méchant.

Julien - Ouais ben je lui ai demandé ma route et j'ai rien compris à la réponse, il a pas l'air de parler français celui-là !

Violette - Il n'a jamais appris le français, il parle que le patois mais si tu veux je t'apprendrai, t'es là pour longtemps ?

Julien - Ben ça dépend de mes vieux...

Benoît - Julien, s'il te plaît, ne parle pas comme ça de ta mère !

Violette - Ben en attendant je vais déjà t'apprendre le nom des animaux, suis-moi.

Ils sortent.

Benoît - Julien, ne t'éloigne pas trop, nous avons à faire.

Scène 6

Marie, Jeannot, Benoît

Jeannot - Oui tiens au fait c'est vrai ça qu'est-ce qui vous amène par ici ?

Benoît - Nous sommes vos nouveaux voisins !

Jeannot *(manquant de s'étouffer)* - Teuh, teuh, pardon ?! Vous voulez dire que c'est vous qui avez racheté la ferme du Roger ?

Benoît - Exactement !

Jeannot - Quoi toute la ferme ? Avé le terrain ?

Benoît - Toute la ferme et le terrain, dix hectares de prairies, cinq de bois, un tracteur, deux remorques, une botteleuse, trois vaches, cinq canards, huit poules et un coq.

Jeannot - T'entends ça Marie ?

Marie - Oui et alors ? Qu'y a-t-il d'extraordinaire ?

Jeannot *(à voix basse)* - Ça a d'extraordinaire que les terrains nous entourent et que notre exploitation est un peu juste.

Marie *(à voix basse)* - Oui mais tu lui avais proposé cinquante mille francs, il a refusé.

Jeannot - Combien l'avez-vous acheté M. Beaufort ?

Benoît - Oh une paille !

Jeannot - Ah ! Tu vois ! Le maudit !

MARIE - Mais encore ? Combien ? Si ce n'est pas indiscret bien sûr...

BENOÎT - Oh pas du tout, c'est tellement ridicule : trois cent mille... Hors frais de notaire bien sûr.

JEANNOT - Bien sûr... hein ?! Trois cent mille vous dites ?! Mais trois cent mille quoi ? Anciens Francs ?

BENOÎT - Anciens Francs ? *(Il rit.)* Nouveaux bien sûr ! Trente millions de centimes quoi, une paille je vous dis ! Une paille !

JEANNOT - Oh ben ça fait déjà une bonne paille !... Oh le cochon !

BENOÎT - Je vous en prie je suis assez bon en affaires mais je ne mérite pas un tel qualificatif tout de même !

JEANNOT - Mais je ne parlais pas de vous mais du Roger ! Trois cent mille, une exploitation qui n'en vaut même pas deux cents !

MARIE - Et dont tu ne proposais que cinquante mille francs ! Pas étonnant qu'il ne te l'ait pas vendue ! Radin !

JEANNOT - Non mais parce que tu crois que deux cent mille francs ça se trouve sous la roue d'une 2CV ?

MARIE - Tu aurais pu emprunter maintenant que le tracteur est fini de payer...

JEANNOT - C'est ça figure-toi que les taux ont augmenté, alors c'est pas le moment !

BENOÎT - Et bien moi j'ai emprunté, à 7,8% une belle affaire non ?

Jᴇᴀɴɴᴏᴛ - 7,8% !!!! Pfff... Mais vous êtes à la Banque Rotschild vous non ?

Bᴇɴᴏîᴛ - Pas du tout, c'est un taux excellent, vous avez mieux ?

Jᴇᴀɴɴᴏᴛ - Oh ben ma foi au Crédit Paysan on empruntait à 3,2% mais c'est passé à 3,7% maintenant.

Bᴇɴᴏîᴛ - Et bien, avec un tel taux, je rachète toute la vallée moi ! Je crois que je vais m'installer agriculteur !

Jᴇᴀɴɴᴏᴛ - Oh là doucement Monsieur, avant de vouloir racheter la moitié du département, réfléchissez bien, vous avez sûrement des affaires à la ville.

Bᴇɴᴏîᴛ - Oui, au nom de ma femme, ça ne m'empêche donc pas d'être paysan ! Au contraire même, je pourrai obtenir de l'argent frais pour pas cher... Mais je ne comprends pas ce qui vous gêne tant dans le fait que je m'installe...

Jᴇᴀɴɴᴏᴛ - Oh non rien, rien, c'est que... ce n'est pas courant un citadin qui achète une ferme...

Bᴇɴᴏîᴛ - Oh oui bien sûr, mais vous me donnerez sûrement un coup de main, vous m'expliquerez vos petits secrets, je suis ravi dc vous avoir pour voisins ! Allez, merci pour le déjeuner, je vais ramasser ma femme et jeter un œil sur mon bétail. A bientôt mes amis.

Il sort.

Scène 7

M arie, Jeannot

Jeannot *(imitant Benoît avec emphase)* - "Ramassez ma femme et jetez un œil sur mon bétail, à bientôt mes amis !" Pfff... Parigot ! Dandy ! Cul-blanc !... Citadin !

M arie - Mais je ne vois pas pourquoi tu t'énerves ainsi !

Jeannot - Ah tu ne vois pas ! Les quinze hectares du Roger entourent notre ferme, ce sont de très bonnes terres fertiles que même un gredin comme M. le Beaufort pourrait y faire pousser le plus exigeant des maïs ou le plus délicat des blés. Depuis des générations on se bat pour les avoir, le grand-père du Roger les avait eues de mon arrière-grand-père sur une dette de jeu, c'est stupide mais c'est comme ça, mon père, mon pauvre père...

M arie - Ton pauvre père oui...

Jeannot - Mon père a fait tout ce qu'il a pu pour les racheter au Roger, sans succès, et là qu'il prend sa retraite sans descendant il ose les vendre à un cul-blanc de Parisien ! C'est un peu fort non ?!

M arie - Mais dis-donc, si tu avais des terres que tu estimes à deux cent mille et qu'on t'en offre trois cent mille d'un côté et cinquante mille de l'autre, à qui les vendrais-tu ?

Jeannot - Bé à trois cent mille té pardi !

M arie - Eh bien c'est ce qu'a fait le Roger !

JEANNOT - Ah oui mais non ! Le Roger il avait le choix entre un inconnu ignare et un gars bien de chez nous, quelqu'un de la famille quoi, c'est pas pareil.

MARIE - La famille s'efface devant l'argent.

JEANNOT - C'est un imbécile et puis c'est tout ! Ça suffit maintenant tu m'agaces, tu n'y comprends rien.

MARIE - Je ne comprends que trop bien tu veux dire ! Radin !

Elle sort.

JEANNOT - Ah les femmes !

Il sort.

Scène 8

VIOLETTE, JULIEN

Entrent Violette et Julien.

JULIEN - Je ne crois pas que je me rappellerai de tous les noms ! Un "téchou" c'est quoi déjà ?

VIOLETTE - Un cochon, idiot ! Comme toi !

JULIEN - Pourquoi tu dis ça Violette ?

VIOLETTE - Tu crois que je t'ai pas vu regarder sous ma robe quand on est monté à l'échelle !

JULIEN - Ben c'est toi qui as voulu monter en premier !

Violette - Tu ne me l'as pas interdit ! Et puis tu n'étais pas obligé de regarder...

Julien - Bon d'accord, c'est vrai mais je n'avais jamais vu de jupons. A la ville les filles sont soit en jean's et on voit rien, soit en mini-jupe et on voit tout. Ce n'est pas très romantique, tu comprends.

Violette - Ah, si je comprends... tu parles ! Tiens ça ne t'est jamais arrivé, en plein jour, de t'asseoir dans l'herbe et de regarder des étoiles imaginaires, de t'inventer un Univers ? Moi, des fois ça m'arrive : Je lève les yeux sur le bleu du ciel et je les vois, elles scintillent. *(Elle montre le plafond.)* Il y a Zoé, Arthémus, et Ursula, puis à coté, un peu plus bas, la constellation des Lavandières et là tu vois au fond la petite très très brillante c'est Hirondelle. Hirondelle c'était une belle vache hollandaise, mon père l'a eue quand j'avais cinq ans, elle était douce et gentille, c'était ma vache préférée. Un jour, il y a eu un orage terrible, la foudre est tombée sur la salle de traite et la lumière s'est éteinte. Hirondelle a eu peur, elle a donné un grand coup de sabot dans la porte, sa patte s'est cassée nette, le vétérinaire a dû l'abattre. Moi j'étais cachée sous l'escalier, je pleurais. Mais je suis sûre que c'est son âme qui brille là-haut, j'en suis sûre. Regarde.

Julien - Oui, sans doute... Dis tu crois vraiment que les animaux ont une âme ?

Violette - J'en sais rien, mais Hirondelle j'en suis sûre.

Julien - Elle est triste ton histoire...

Violette - Mais non, c'est la vie ! Tu sais à la campagne on a l'habitude. Il faut bien s'endurcir un peu.

Julien - Remarque à la ville ce n'est pas forcément plus marrant.

Violette - Tu vas y retourner ?

Julien - Où ça ?

Violette - Ben à la ville !

Julien - Ah, oui bien sûr, je compte pas m'enterrer dans ce trou perdu... Euh pardon...

Violette - Non ce n'est pas grave, tu sais, moi aussi je veux aller à la ville, tu pourrais m'emmener alors !

Julien - Ben c'est à dire que...

Violette - Allez, emmène-moi s'il te plaît...

Elle le prend par la main.

Julien - Quoi maintenant ? Mais tu n'y penses pas on va se faire trucider par les parents !

Violette - Ben tu as quel âge toi ?

Julien - Euh, 19 ans...

Violette - Ben alors tu es majeur ! Moi aussi ! J'ai envie de voyager, loin, de voir le monde. Allez emmène-moi...

Julien - Partir comme ça sur un coup de tête... Je ne sais pas si...

Violette - Alors tu te dégonfles ! M. le parigot traite tout le monde de péquenot mais quand il s'agit d'être responsable et courageux, y'a plus personne ! De l'esbroufe tout ça ! De la poudre aux yeux ! Dessus ça brille mais dedans c'est creux ! Du vent !

Julien - Mais non Violette, t'énerve pas ! Mais ce n'est pas aussi simple... euh...

Violette - Je ne m'énerve pas mais sache, Môssieur Julien Beaufort, que tu me déçois.

Elle boude.

Julien - Bon d'accord, d'accord, tant pis, je t'emmène, ok, on s'en va, on va voir le monde et tout et tout, là tu es contente ? !

Violette - C'est vrai tu es sérieux ? Maintenant ?

Julien - Ben oui, ou... ou... demain plutôt ? Ou après demain peut-être ? Ou...

Violette - Non, non, très bien, ne remettons pas à demain ce que l'on veut faire aujourd'hui, je monte prendre quelques affaires et je te rejoins au bout du chemin, près du noisetier. Oh je suis si heureuse... Si heureuse.

Elle lui saute au cou, l'embrasse et file dans sa chambre.

Julien *(un peu surpris)* - ... Ben mon bonhomme tu t'es mis dans une sacrée galère ! Mais comment font-elles pour toujours arriver à nous convaincre ?! Enfin... Je vais me dépêcher de rassembler mon sac, et qui sait peut-être aura-t-elle changé d'avis... *(Il regarde la porte de la chambre dubitatif puis le public.)* ... Mouais ça m'étonnerait aussi.

Il sort.

Scène 9

Marie entre avec un cageot de légumes à moitié renversé dans les bras.

MARIE - Mais où donc qu'il court comme ça ce benêt de parigot ?! Il a bien failli me fiche par terre. *(Violette entre avec une petite valise et un manteau sur le bras.)* Ben tu vas où ma fille ?

VIOLETTE - Euh... faire des courses au bourg.

MARIE - Avec ton manteau d'hiver, au mois d'août ? Tu es malade ?

VIOLETTE - Oui ! Euh non ! C'est que... C'est qu'ils ont annoncé de la neige à la télé.

MARIE - De la neige ? En août ? Ici ? Tu es sûre ?

VIOLETTE - Oh oui, oh lala oui ! C'est euh... Un typhon qui descend du pôle nord comme ça d'un seul coup, de la neige, partout, alors je prends mon manteau, c'est pour ça voilà... Un typhon... du pôle nord... ils l'ont dit à la télé...

MARIE - Un typhon du pôle nord, tiens donc, de la neige ? Enfin s'ils l'ont dit à la télé... Je vais aller chercher le carton des affaires d'hiver dans la vieille armoire, ne rentre pas tard surtout. S'il y a de la neige il risque de faire nuit tôt !

VIOLETTE - Oui sûrement, une belle nuit étoilée, au revoir maman.

Violette sort en courant.

MARIE -Oui, à tout à l'heure ma fille.

Marie sort vers la chambre.

Scène 10

MARIE, JEANNOT

JEANNOT *(entrant)* - Marie ?... Marie ? Où donc qu'elle est passée maintenant celle-là ! Marie ?

VOIX OFF -Oui, j'arrive ! j'arrive !

Elle entre emmitouflée dans un gros manteau, un bonnet sur la tête, avec un carton de vêtements d'hiver.

JEANNOT -Boudiou ! Ça ne va pas Marie ? Tu ne te sens pas bien ? Tu es malade ?

MARIE -Non mais si tu ne mets pas ce manteau tout de suite c'est toi qui vas être malade !!!

JEANNOT -Mais laisse-moi tranquille, je ne vais pas mettre ce manteau d'hiver en plein été, tu es folle !

MARIE -Ah mais pas du tout ! Ils ont annoncé à la télé qu'il y avait un typhon qui descendait du pôle nord et qu'il allait neiger aujourd'hui. Mets donc ce manteau.

Jeannot -Neiger ??? Mais alors s'il neige il va geler aussi ?

Marie -Généralement ça va ensemble oui, il fera froid aussi bien sûr, et sans doute nuit tôt, bref un temps d'hiver, tiens prends ce bonnet aussi.

Jeannot - Et tu me dis ça comme ça, d'un air décontracté, "tiens prends ce bonnet"... Et les récoltes, tu y penses aux récoltes ? S'il neige, c'est une catastrophe pour les récoltes. C'est la fin du monde, c'est pire qu'Hiroshima et Nagasaki réunis, c'est pire que mon tour de rein de l'été dernier, c'est pire que la guerre de 14 et celle de 39, c'est pire que quand le tracteur a pété son joint de culasse, c'est... c'est... c'est pire que tout !!!

Marie - Pourquoi faut-il que tu dramatises toujours tout ! Allons ce n'est qu'un typhon de passage ça ne va pas durer !

Jeannot -Même un gel de "passage" comme tu dis, même un petit fond du pôle nord, suffit à anéantir tout notre travail ! Plus de tabac à ramasser, plus de blé pour les poules, plus de maïs pour les vaches, et le pire de tout : plus de vin à boire ! Tiens passe-moi la bouteille d'ailleurs, je vais m'en jeter un petit c'est toujours ça que le petit fond n'aura pas.

Marie -Ben voyons ! T'as qu'à boire aussi les deux barriques de la cave pour les mettre au chaud tant que tu y es !

Jeannot -Et pourquoi pas ? De toutes façons dans quelques heures il ne nous restera plus rien, alors... Nous finirons alcooliques à traîner sous les ponts à l'abri des lumières de la ville, tout ça parce que la société n'aura rien fait pour nous sauver, nous petits agriculteurs modestes du fin fond de la France. Ah, elle est belle la France !

MARIE - Dis, tu ne crois pas que tu exagères un peu ? Tu ne crois pas que tu en fais beaucoup ?

JEANNOT - Ah, ça ma femme, il a toujours fallu en faire beaucoup pour en avoir un peu ! Tiens bouge pas je vais appeler le ministre moi, tu vas voir, il va m'entendre, non mais ! Ils se rendent pas compte à Paris qu'on ne peut plus continuer à vivre comme ça avec des petits fonds au-dessus de nos têtes.

MARIE - C'est ça appelle le ministre, et que veux-tu qu'il fasse le ministre ? Qu'il souffle sur le typhon pour l'éloigner ?

JEANNOT - Je sais pas il n'a qu'à envoyer l'armée avec des canons pour faire fondre la neige !

Scène 11

MARIE, JEANNOT, BENOÎT

BENOÎT *(entrant)* - Tiens que voilà un étrange accoutrement en cette saison ! Seriez-vous enrhumés mes amis ?

JEANNOT - Manquait plus que çui-là ! Non, M. le Gentleman Farmer, nous nous protégeons de la tempête de neige qui arrive, mais ça bien sûr, vous la météo, vous vous en foutez... Qu'il pleuve ou qu'il vente dans vos "métros" ça ne change pas grand chose, et bien ici c'est l'apocalypse !

Benoît - Mais détrompez-vous cher ami, je comptais justement planter quelques poireaux et je me suis renseigné auprès de la météo, je peux vous assurer qu'il n'y a pas de neige prévue pour cette semaine. Dites-moi les poireaux, vaut-il mieux les planter au nord ou au sud ?

Jeannot - Vous voulez vraiment que je vous dise où vous pouvez vous les planter vos poireaux ?

Marie -Jeannot ! Au sud, M. Beaufort au sud.

Benoît - Merci j'y cours ! *(Il s'apprête à sortir.)* Ah, vous n'auriez pas vu Julien ? Il a encore disparu...

Marie -Non, pas récemment, mais il ne doit pas être bien loin sans doute.

Benoît sort.

Scène 12

Marie, Jeannot

Jeannot - Donne-moi le numéro de la météo que j'en ai le cœur net.

Marie -Il est à sa place, sur le téléphone comme d'habitude.

Jeannot *(au téléphone)* -Allô ?... Oui, c'est Jeannot, dites-moi elle est prévue pour quelle heure la tempête de neige ?... Hein ?... Vous êtes sûr ?... Vérifiez bien... Et bien vérifiez quand même !... Comment ça pas avant décembre... Y'a pas un p'tit fond qui vient du pôle nord c'est sûr ?... Du sud vous dites ?... Oui... mais pas en France métropolitaine... oui... sur la ?... Martinique ! Ah oui... tout dévasté... oui c'est malheureux hein, oui enfin, c'est le temps on n'y peut rien, bien c'est pas grave merci quand même, au revoir... oui... à demain.

Il enlève le manteau et le bonnet.

M ARIE - Alors ?

JEANNOT - Alors rien ! Rien de rien ! Y'a bien une tornade mais loin là-bas dans les îles, il parait que ça va tout dévaster sur son passage, peut-être qu'ils vont le montrer à la télé, ça doit être spectaculaire !

M ARIE - Oh tout de même les pauvres gens ! C'est bien triste.

JEANNOT - Et alors ? c'est le temps c'est comme ça. Tu ne voudrais pas quand même qu'on envoie l'armée et le génie civile pour quelques bananiers non ?

M ARIE - Non bien sûr mais... C'est bizarre, Violette aura mal compris...

JEANNOT - Ah que je suis heureux ! Tiens ça me redonne le cœur à l'ouvrage, je vais m'occuper de notre nouveau voisin, tu vas voir, dans trois jours il aura plié bagages avec femmes et enfants. Et la ferme, et les terres seront à nous. Je ne vais pas me laisser marcher sur les pieds par un cul-blanc, non ?! Je veux

34

bien être gentil mais faudrait voir à pas jeter mémé dans les

orties avec l'eau du bain !

Il sort.

M ARIE - Dans trois jours... hum... Ou dans six mois... On va

bien voir...

Rideau

Acte 2

6 mois plus tard

Décor : Idem Acte I, l'hiver. On peut, pour signifier le changement de saison, changer la nappe par exemple et quelques éléments de décor (un calendrier, des casseroles, des affaires d'hiver, etc...)

Scène 1

MARIE, JEANNOT

Marie et Jeannot sont au petit déjeuner.

JEANNOT - Ah la belle journée qui s'annonce !

MARIE - A quoi vois-tu ça ?

JEANNOT - Je le sens, notre voisin encombrant va craquer bientôt. Je lui prépare le coup de grâce.

MARIE -Ça fait tout de même six mois que tu dis ça et ils sont toujours là, tu sais au final, je les trouve plutôt sympathiques.

JEANNOT -Et ben c'est ça vas-y, pactise avec l'ennemi en plus ! Tu veux pas aller lui faire des petits gâteaux aussi ?

MARIE -Non mais, nous sommes dans le même malheur tous les quatre. Eux aussi leur enfant a disparu...

JEANNOT -Oui et ça m'étonnerait pas que ce soit avec notre fille ! Deux disparitions le même jour ici alors qu'il n'y en a jamais eu de mémoire de paysan, moi je trouve ça louche. Va savoir ce qu'il a été lui fourrer dans la tête, ce gredin.

MARIE - Tu n'en sais rien ! Peut-être ont-ils été enlevés par quelqu'un... Avec tout ce qu'on voit aujourd'hui... Ça fait peur.

JEANNOT - C'est ça et tu en connais beaucoup toi des gens enlevés dans la rue qui partent de chez eux avec leur valise et leur ours en peluche ? Allons, allons, je te dis qu'il lui aura tourné la tête avec je ne sais quelle idée de citadin. Pfff, et ça se croit moderne ! Des sauvages oui !

MARIE -Même pas un mot pour Noël ou le premier de l'An, rien... Tout de même...

JEANNOT -Va savoir peut-être qu'elle n'a pas eu le temps, ou qu'elle a perdu l'adresse, ou son stylo.

MARIE -Ne plaisante pas avec ça, je t'en prie.

Elle sort vers la chambre.

JEANNOT -Mouais... En tout cas ça m'étonnerait qu'elle soit devenue météorologue, parce que côté tempête de neige elle n'est pas très forte. Quand même, faire un coup pareil à ses parents, comme si on avait pas assez de travail ici ! Oh mais elle a intérêt à être revenue avant les moissons parce que sinon elle va m'entendre ! *(On frappe.)* OUI !

Scène 2

Jeannot, Benoît

Benoît *(entrant)* - Bonjour bonjour, cher ami, comment allez-vous ce matin ?

Jeannot - Merveilleusement ! Et vous le moral ça va ?

Benoît - Fort bien merci !

Jeannot - Dommage...

Benoît - Par contre ma femme...

Jeannot - Ah ? Elle s'ennuie de la ville sûrement, vous devriez y retourner.

Benoît - Non c'est l'absence de Julien qu'elle a du mal à accepter.

Jeannot - Ah, oui je comprends ça, tenez je suis sûr qu'il est retourné à la ville et vous devriez en faire autant, pour le moral de madame bien sûr.

Benoît - Bien sûr, mais je commence à m'attacher à cette terre, vous savez...

Jeannot -Manquait plus que ça ! Mais non, il ne faut pas, la terre c'est ingrat, vous voyez bien le mal que vous avez à faire pousser ne serait-ce qu'une botte de radis !

Benoît -Oui, c'est vrai, mais vous avez vu comme mon foin a reverdi ?

Jeannot - Comment ça il a reverdi ??? Mais il était complètement cramé il y a quinze jours !

Benoît -Oui, c'est vrai les jeunes pousses n'allaient pas très bien. D'ailleurs je ne m'explique toujours pas comment elles ont pu sécher si vite en cette saison...

Jeannot -Euh, moi non plus, je ne vois aucune explication, aucune. Vraiment...

Benoît - Toujours est-il, qu'après un traitement avec de l'engrais américain et bien il recommence à pousser normalement.

Jeannot -De l'engrais américain vous dites ? Et il recommence à pousser normalement ? Mais c'est de la saloperie ce truc !

Benoît -Mais non c'est très efficace au contraire !

Jeannot - Allons, allons, qu'est-ce qu'ils y connaissent les Américains en agriculture vous pouvez me le dire hein ? en pétrole peut-être mais en agriculture ?

Benoît -Oui, mais...

Jeannot - Non, faites-moi confiance, vous verrez... Je vous parie que dans dix jours le résultat sera le même, faites-moi confiance pour votre foin... Vous verrez.

Benoît -En fait ce qui m'inquiète maintenant c'est le tabac, il ne va pas fort...

JEANNOT -Ah ? Vous avez bien fait comme je vous avais dit ?

BENOÎT -Oui, exactement, j'ai creusé des petits trous espacés de 10 cm sur 15 de profondeur, dans chaque trou j'ai planté une cigarette, j'ai rebouché, j'ai arrosé... et rien. Je me demande si je n'aurais pas dû enlever les filtres...

JEANNOT -Oh non, ça n'aurait rien changé je pense. Ce doit être la marque du tabac, sans doute de l'américain de mauvaise qualité.

BENOÎT -Peut-être qu'avec des cigares...

JEANNOT -Non, non, c'est plutôt un problème physique, je pense. Faites voir vos mains...

BENOÎT -Qu'est-ce qu'elles ont mes mains ?

JEANNOT - Ben, voilà ! Tenez, comparez... Les vôtres sont blanches ! Tout s'explique ! Ce ne sont pas des mains de paysans ça. Il y a un vieux dicton chez nous qui dit, euh, attendez, ah voilà : "Aux mains blanches, la récolte flanche !" et vous avez les mains blanches.

BENOÎT -Que puis-je y faire ?

JEANNOT -Pas grand-chose. Je suppose que c'est de naissance...

BENOÎT -Oui, sans doute...

JEANNOT - Et oui... Non vous devriez laisser tomber. Vous savez je suis pas riche hein, mais je veux bien consentir à vous reprendre la ferme pour 50.000 francs.

BENOÎT -Seulement ?!! Mais je l'ai payée six fois plus !

Jeannot - Oui, mais à l'époque les terres donnaient, aujourd'hui tout n'est que friche, le foin est mort, le tabac ne pousse pas, le matériel rouille depuis que votre grange s'est effondrée...

Benoît -Ah, ben parlons-en ! C'est pourtant vous qui m'avez aidé à refaire le toit !

Jeannot -Et alors ? vous avez quelque chose à me reprocher ?

Benoît -Pas du tout loin de moi, cette idée. J'avais vraiment besoin de vous pour choisir le bois puisque je ne sais reconnaître un bon bois d'un bois pourri...

Jeannot -J'y compte bien ! Non, je veux dire, sans moi peut-être auriez-vous pris du bois en mauvais état comme par exemple celui qu'on trouve dans le pré du Baptiste qui est rongé jusqu'au cœur et qui ne tiendrait pas dix jours...

Benoît -Remarquez ma charpente n'a tenu que quinze jours...

Jeannot -Oui, c'était inespéré, je finissais par avoir des doutes...

Benoît -Ce doit être un problème de conception...

Jeannot -Ou une épidémie soudaine d'insectes, un p'tit fond venu des Amériques avec plein de bestioles bouffeuses de bois...

Benoît -Et qui vous aurait épargné ? Bizarre...

Jeannot - Toujours est-il que maintenant le matériel rouille, et surtout le tracteur, c'est pourtant la chose la plus importante de votre ferme !

Benoît -Oui, mais que faire ? Auriez-vous de la place ?

JEANNOT -Oh, malheureux non ! Pas le moindre mètre carré en ce moment, désolé !

BENOÎT -Alors c'est fichu ?

JEANNOT -Je vois bien une solution mais votre dame ne va pas aimer...

BENOÎT -Ça ne fait rien dites quand même...

JEANNOT -Et bien la seule place disponible et couverte chez vous, c'est... la maison ! La porte vitrée du living est assez grande pour laisser passer le tracteur...

BENOÎT -Ah, ça non ! C'est hors de question ! Vous êtes pas fou ? Jamais ! Et puis quoi encore ! Non et non !

JEANNOT -Comme vous voulez, moi ce que j'en dis... hein... C'est comme pour vos vaches...

BENOÎT -Quoi mes vaches ?

JEANNOT -Elles ne donnent plus beaucoup de lait...

BENOÎT -C'est vrai, je désespère. Je n'arrive pas à les traire comme vous m'avez expliqué. Pourtant j'ai suivi vos conseils à la lettre : je me mets face à la vache, je dis "Pissou, pissou, pissou", je siffle, je lui tapote le cou, je recommence et rien, pas une goutte.

JEANNOT -Mais vous savez c'est un art. Je pense que c'est à cause de votre accent, la vache elle le sent ça... Tenez elle vous regarde comment ?

BENOÎT -Quoi ? Elle me regarde comme une vache, bêtement...

Jeannot - Ça je veux bien le croire, mais encore ?

Benoît - Ben euh, rien, normalement, l'œil vide.

Jeannot - Voilà, vous voyez : "l'œil vide", tout est là, c'est l'accent c'est sûr. Il vous manque l'accent ! Tenez écoutez la différence, mettez-vous là, à la place de la vache, voilà, faites "meuh" pour voir...

Benoît - Voyons c'est ridicule !

Jeannot - Ah mon bonhomme, moi il faut que je sois en condition. Allons personne ne vous regarde, faites "meuh" !

Benoît - Meuuuh !

Jeannot - Voilà ! Ça vient, encore un petit coup...

Benoît - Meuuuh !

Jeannot - Parfait, écoutez-bien : "Pissou, pissou, pissou", faites "meuh" !

Benoît - Meuuuh !

Jeannot - "Pissou, pissou, pissou". Alors vous avez compris maintenant ?

Benoît - Oui, fort bien, merci, excusez-moi, je dois y aller... une envie pressante...

Jeannot - Mais je vous en prie, à bientôt... peut-être...

Benoît - Oui, oui.

Il sort précipitamment.

Scène 3

JEANNOT, MARIE

JEANNOT *(il rit)* - Qu'il est couillon tout de même ! "Pissou, pissou, pissou", meuuuh ! meuuuh !

MARIE *(entrant)* - Ben qu'est-ce qui te prends, t'as perdu la tête ?

JEANNOT - Pas du tout, madame, j'enseigne !

MARIE - Toi ? Tu enseignes ? Et tu enseignes quoi ?

JEANNOT - L'Art de la Traite...

MARIE - L'art du traître oui !

JEANNOT - Ah, Marie, je t'en prie ! Tu crois que ça m'amuse de me lever en pleine nuit pour aller traire ses pauvres vaches ?

MARIE - Ben faut bien, sinon elles crèveraient, mais tu n'avais qu'à lui apprendre à traire, je veux dire lui apprendre vraiment...

JEANNOT - C'est ça pour avoir un concurrent de plus, déjà qu'avec l'Europe c'est pas facile. Entre les agriculteurs anglais, les Allemands et les Polonais, on ne sait plus comment s'en sortir. Alors je ne vais pas en plus aider un citadin !

MARIE - N'empêche qu'avec ce surplus de lait, tu vas encore dépasser tes quotas !

JEANNOT - T'occupe ! Dans moins de six mois les touristes arrivent : on leur vendra le surplus ! Ils adorent ça le "lait à la ferme" et puis, hé, à cinq Francs le litre c'est trois fois plus que ce que me le paye la coopérative, alors je vais pas me gêner !

Marie -Quand même je me demande si...

Jeannot - Tu te demandes si quoi ? Mais bon diou de cré nom de diou, dans quel camp es-tu ! Bon, faut que j'aille remettre du désherbant sur son foin, il recommence à pousser il paraît, je vais doubler la dose pour être sûr ! (Il sort.)

Marie -Quand même... ça va trop loin il me semble... enfin...

Scène 4

Marie, Huguette

Huguette *(entrant)* -Au revoir chère voisine !

Marie -Au rev... euh bonjour plutôt non ?!

Huguette -Non : au revoir, je m'en vais, je n'en peux plus, trop c'est trop, c'est la goutte d'eau qui fait déborder le vase.

Marie -Allons bon, que s'est-il passé, vous vous êtes fâchée avec monsieur ?

Huguette -Ma chère, nous passons notre vie à nous fâcher, c'est même ce qui constitue le sel de nos modestes existences. Hélas, Benoît n'a plus le temps de se fâcher. Mais, soit, passe encore.

Marie -Vous êtes bien bonne...

Huguette - Oui ! Que mon mari renonce au bridge et aux réceptions pour les bouses et les moissons, passe encore.

Marie - Comme vous êtes bonne...

Huguette - Oui ! Qu'il passe plus de temps à parler avec ses vaches qu'avec moi, soit, de toutes façons je préfère ! Je ne l'imagine pas me susurrant à l'oreille "Pissou, pissou, pissou", le tableau aurait du charme mais je doute de l'effet positif sur mon métabolisme.

Marie - D'autant que vous n'avez pas spécialement le pis lourd...

Huguette - Ah, ben quand même... non ? Bref, qu'il installe des lapins dans les penderies et des poules dans mes chapeaux, je l'accepte voyez-vous.

Marie - Ah, oui je vois, vraiment que vous êtes bonne...

Huguette - Je le suis ! MAIS ! Mais vous ne devinerez jamais la dernière trouvaille de mon mari...

Marie - Il a fait des semis dans la baignoire ?

Huguette - C'eut été acceptable, mais non...

Marie - Il fait dormir le cochon sous votre lit ?

Huguette - Le lit n'est pas assez haut, fort heureusement ! Réfléchissez mieux... Si vous pouvez.

Marie - C'est que je cherche quelque chose d'original...

Huguette - Vous ne trouverez pas !

Marie - Et pourquoi ?

Huguette - Parce que c'est original justement.

MARIE - Oh, vous savez mon mari aussi il en a des idées tordues parfois...

HUGUETTE - Ah bon ? Vous m'étonnez, vous êtes sûre ?

MARIE - Si je suis sûre ? Tenez, ça n'a rien à voir hein, mais la dernière fois...

Elle lui parle à l'oreille.

HUGUETTE - Non ?... Lui ?...

Elle rit.

MARIE - Oui, tout à fait !

HUGUETTE - Je ne l'aurais pas cru si polisson. Enfin... Où en étais-je ?

MARIE - A l'idée originale de votre mari...

HUGUETTE - Ah oui ! Et bien figurez-vous qu'il vient d'installer le tracteur dans le living-room !

MARIE - Non ??! Quelle étrange idée !

HUGUETTE - N'est-ce pas ! Je l'ai prévenu, c'est le tracteur ou moi !

MARIE - Et alors ?

HUGUETTE - Et alors ?! Il m'a répondu qu'il n'y avait pas de risques pour que je rouille moi ! Et bien qu'il y dorme sur son tracteur ! Trop c'est trop ! Je pars !

MARIE - Peut-être pourrais-je...

HUGUETTE - Non, merci, vous êtes bien gentille, mais ma décision est prise.

Scène 5

Jeannot *(entrant)* - Tiens madame Beaufort ! Quel bon vent vous amène ?

Huguette - Le vent pestilentiel de votre fumier, cher ex-voisin...

Jeannot - Ah, c'est vrai ça ne sent pas très bon, mais c'est nécessaire...

Huguette - Tout de même, chaque jour depuis 6 mois vous échampez cette chose immonde, cela me semble beaucoup...

Jeannot - C'est que c'est une année très spéciale, voyez-vous...

Marie - Ça, c'est spécial effectivement, c'est bien la première année que tu es obligé d'en acheter ailleurs ! Comme si on avait trop de sous ! Et tout ça pour quoi, hein ?

Jeannot - Veux-tu te taire ! Mais dites-moi, je réalise soudain, vous avez bien dit "ex-voisin" ?

Huguette - Oui, ex-voisin, je vous quitte !

Jeannot - Non c'est vrai ? C'est pas une blague ? Vous partez tous les deux ?

Huguette - Non, seule. Mon mari s'est trouvé une nouvelle compagnie : son tracteur.

Jeannot - Ah, zut ! Enfin, je veux dire c'est dommage qu'il ne vous suive pas, dommage, vraiment.

Scène 6

Les mêmes, Benoît

Benoît *(entrant)* - Huguette ! *(Il se met à genoux.)* Je t'en supplie à genoux : ne me quitte pas !

Jeannot -Oui, il vous supplie à genoux, moi aussi d'ailleurs, *(Il se met à genoux.)* Ne le laissez pas... ici.

Huguette - Mon ami, je pars, je vous laisse à vos exploits agricoles, nos avocats se mettront en contact.

Benoît -Mais non !

Marie -Oh, mais non...

Jeannot -Ah, mais non, non, non !

Huguette -Et si !

Benoît - Mon amour, ma blanche colombe, ma rose des champs, je vous suis, d'accord, je vous suis.

Marie -Ah bon ?

Jeannot -Enfin !

Huguette - Ah, mon roudoudou, je vous retrouve tel qu'au premier jour !

Elle se jette dans les bras de son mari.

Jeannot - Bon, où est le carnet de chèques qu'on fasse les papiers. Marie sort les verres et la bouteille de gnôle 73. Alors on a dit 50.000 hein ? Vous me feriez pas une petite réduction pour paiement comptant des fois ?

BENOÎT - Paiement comptant de quoi ?

JEANNOT - Ben de la ferme pardi ! Puisque vous partez, je vous la rachète comme on avait dit.

BENOÎT - Ah ! Mais ne vous embêtez pas avec ça, c'est gentil mais c'est fait je l'ai déjà vendue.

JEANNOT - Hein ??? Vendue ? Mais... mais... à qui ?

MARIE - Tiens ta bouteille de gnôle.

Elle amène une bouteille à moitié pleine.

JEANNOT - Range-moi ça toi ! Au prix que ça coûte, t'es pas folle !... Attends non donne ! *(Il la vide cul-sec.)* Wouah ! Ça fait du bien ! A qui l'avez-vous vendu cette bon diou de ferme alors ?

BENOÎT - A un jeune couple qui m'a téléphoné la semaine dernière. Ils seront là bientôt.

JEANNOT - C'est pas vrai ! Va encore falloir recommencer le cinéma !

MARIE - Ah non, ça suffit ! Il faudra t'y faire et puis c'est tout !

HUGUETTE - Mon chéri, mais tu m'avais caché ça !

BENOÎT - Je ne voulais pas la vendre mais je ne veux pas te perdre non plus.

MARIE - Regarde, Jeannot, c'est pas mignon tout ça ?

JEANNOT - Et ben, ça aura au moins servi à quelque chose... vendue... à des étrangers... c'est pas possible !... *(On frappe.)* Les nouveaux voisins j'imagine... entrez donc, entrez donc...

Scène 7

Les mêmes, Julien, Violette

Julien entre suivi de Violette.

Julien - Bonjour...

Violette - Nous sommes vos nouveaux voisins.

Jeannot - Nom dé diou !

Benoît - Ça alors !

Marie - Violette !

Huguette - Julien !

Marie - Ma fille !

Huguette - Mon fils !

Julien & Violette - Maman ! Belle-maman !

Jeannot - Hein ? Vous voulez dire que vous êtes...

Julien - Mariés !

Violette - Oui, à San Francisco le mois dernier.

Benoît - N'était-ce pas un peu précipité ?

Julien - Ben justement c'est que ça urgeait !

Violette - Pour notre enfant ce sera plus simple.

Marie - Ma chérie tu es enceinte ?

Violette -De trois mois oui.

Jeannot - Et bé ! Et bé... Marie retourne chercher une bouteille de gnôle, de la 75 cette fois-ci, je ne me sens pas très en forme.

Benoît -Avec deux verres... moi non plus !

Marie -Avec six verres même, aujourd'hui c'est fête !

Elle sort.

Scène 8

Les mêmes moins Marie

Huguette -Julien, j'étais si inquiète...

Julien -Désolé maman mais ça nous a pris comme ça...

Violette - Une envie soudaine de voyager ensemble. Nous avons fait le tour du monde c'était merveilleux !

Julien - Oui superbe ! Nous avons visité les plus grandes villes et les plus petits villages...

Violette -Parlé avec les habitants et les paysans du monde entier. Papa, si tu savais comme certains souffrent, si tu savais notre chance.

Julien - J'ai compris bien des choses dont celle-ci : la ville n'est pas pour moi. Au contraire de ce que je croyais, ma famille c'est la terre. J'ai désormais la plus belle femme du monde qui attend le plus beau bébé, il manquait le plus bel endroit pour vivre...

Violette - Et maintenant nous l'avons, une ferme à nous.

Jeannot - A vous, à vous... c'est à voir ! Avec quoi vous allez la payer hein ?

Benoît - Bof... Au point où nous en sommes... Je la leur offre. Ce sera mon cadeau de mariage.

Julien - Oh papa ! Merci, merci mille fois !

Jeannot - Ouais ben moi je ne suis pas Rotschild, j'ai pas les moyens de faire des cadeaux de mariage à trois cent mille francs !

Huguette - On ne vous le demande pas !

Scène 6

Les mêmes, Marie

Marie - Voici la bouteille. *(Elle sert à boire.)* Allez Jeannot souris un peu ! On dirait que tu reviens d'un enterrement. Notre fille est rentrée, la ferme revient en quelque sorte dans la famille et tu n'es toujours pas content, tout de même, bon sang !

Jeannot - Moi ce que je vois c'est qu'en plus de la ferme, y'a un zazou parisien et prochainement un bébé sans compter les beaux-parents qui viennent dans la famille. On ne va plus respirer ici !

Marie - Oh Jeannot !

Huguette - Mais puisque nous partons vous aurez de la place !

Jeannot - Bon c'est sûr ? Maintenant que le petit est revenu vous n'allez pas changer d'avis au moins ?

Huguette - Non !

Jeannot - Ah formidable ! Je suis content, té venez que je vous embrasse.

Marie - Moi aussi !

Huguette - On viendra tout de même un ou deux week-end par mois.

Jeannot - Bien sûr ! Tenez vous n'avez qu'à venir le week-end prochain, on construira une nouvelle grange pour les enfants.

Benoît - Une qui tient cette fois ?!

Jeannot - Oui une solide, avec du bon bois, faites-moi confiance. Et le week-end d'après je vous apprendrai une autre façon de traire.

Benoît - Ah il y en a une autre ?

Jeannot - Oui, une plus efficace !

Huguette - Vous m'apprendrez à faire les conserves ?

Marie - Bien sûr et les confitures.

Jeannot - Et en février vous viendrez pour tuer le cochon et faire les saucisses.

Benoît - C'est d'accord !

Jeannot - Et pour les vacances d'été vous viendrez pour les moissons et le tabac, on a toujours besoin de main-d'œuvre... surtout gratuite.

Benoît - C'est d'accord aussi.

Marie - Tout est bien qui finit bien alors !

Huguette - Oui nos enfants retrouvés, la famille agrandie et retour à Paris !

Benoît -Ah ben non... c'est que j'ai vendu la maison de Paris aussi...

Huguette -Pardon ?

Benoît -Ben oui...

Huguette -Mais pourquoi donc mon ami ?

Benoît -Et bien vous souvenez-vous, monsieur Jeannot, vous m'avez expliqué que vous cultiviez quelques terres appartenant au vieux châtelain local...

Jeannot -Oui c'est exact et alors ?

Benoît -Et bien je lui ai racheté son château, il avait quelques soucis financiers.

Jeannot -Hein, avé les terres ?

Huguette -Un château ? ici ? Loin de tout ?

Benoît - Oui avec toutes les terres ! Et je compte bien les cultiver et vivre au château.

Jeannot -Raah ! je vais le tuer !

Huguette -Moi aussi !

Jeannot et Huguette se jettent sur Benoît pour l'étrangler.

Rideau Final

Imprimé à la demande par Books On Demand GmbH, Bad Hersfeld, Allemagne

Première édition, dépôt légal : septembre 1998

N° d'édition : 983901

ISBN : 2-84422-038-X